So einfach spielst du bambinoLÜK:

Öffne das bambinoLÜK-Kontrollgerät und lege es auf dein aufgeschlagenes bambinoLÜK-Heft. Lege die sechs Plättchen mit den Symbolen nach oben auf die Aufgaben mit den gleichen Symbolen, also das Plättchen mit dem roten Symbol Haus auf die Aufgabe mit dem roten Symbol Haus oben links in der Ecke.

Wenn die Plättchen auf den Aufgaben liegen, nimmst du das Plättchen mit dem Symbol Haus und siehst dir die Aufgabe an, auf der das Plättchen lag.

Welches Bild auf der unteren Seite passt wohl dazu? Lege das Plättchen auf dieses passende Bild. Mach es ebenso mit den anderen fünf Plättchen und Aufgaben.

Schließe dann das bambinoLÜK-Kontrollgerät und drehe es nach oben um.

Jetzt siehst du das bei der Übung abgebildete Lösungsmuster.

W0284220

Die Spielanleitung

Die Spielanleitung gibt es auch animiert unter www.luek.de

Autor: Michael Junga
Illustrationen: Frank Bayer, Duisburg
Druck und Verarbeitung: westermann druck GmbH, Braunschweig
ISBN 978-3-8377-7987-5

1 Im Kinderzimmer

das Bett

die Spielkiste

das Regal

der Tisch

der Stuhl

die Lampe

Wo ist das gleiche Bild?

2 Im Badezimmer

das Handtuch

der Kamm

die Zahnbürste

die Dusche

das Duschgel

die Toilette

Wo ist das gleiche Objekt?

3 Sommerkleidung

das Unterhemd

die Socken

das T-Shirt

die Shorts

die Schirmmütze

die Sandalen

Wo ist das gleiche Kleidungsstück?

4 Winterkleidung

der Anorak

der Pullover

die Hose

die Mütze

die Stiefel

die Handschuhe

Wo ist das gleiche Kleidungsstück?

5 In der Küche

die Gabel

der Löffel

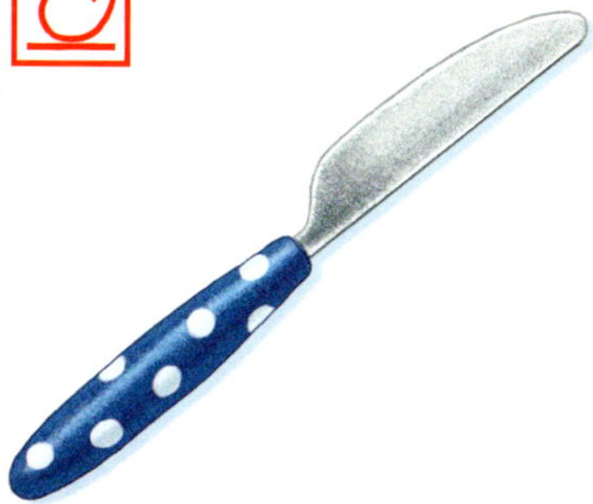

das Messer

der Teller

das Lätzchen

die Tasse

Wo ist die gleiche Abbildung?

6 Essen und Trinken

das Brot

die Butter

die Wurst

der Käse

die Konfitüre

der Kakao

Wo ist das gleiche Nahrungsmittel?

7 Obst

der Apfel

die Banane

die Erdbeere

die Kirsche

die Trauben

die Pflaume

Wo ist die gleiche Frucht?

8 Gemüse

die Tomate

die Gurke

die Karotte

das Radieschen

die Paprika

die Kartoffel

Wo ist die gleiche Abbildung?

9 Im Wohnzimmer

der Sessel

der Tisch

das Sofa

der Fernseher

der Schrank

das Bild

Wo ist das gleiche Objekt?

10 Eigenschaften

Wo ist das gleiche Bild?

11 Tätigkeiten

Wo ist die gleiche Tätigkeit?

Sprachentwicklung mit bambinoLÜK

Da die Sprachentwicklung von Kindern sehr individuell abläuft (manche fangen früher an zu sprechen, die anderen später), darf man allgemeine Aussagen nur sehr vorsichtig formulieren. Bei einem normalen Entwicklungsverlauf der Kinder vom 2. Lebensjahr an ist in der Regel zu beobachten, dass die Kinder in ihrer Sprache Alltagswörter verwenden, die sie in ihrer Umgebung aufnehmen. Sie fangen an, Zwei- und Dreiwortsätze zu sprechen, lernen die ersten Lieder zu singen und erfreuen sich an Musik und Tanz.
Mit dem 3. Lebensjahr beinhaltet der Wortschatz der Kinder dann bereits über 400 Wörter. Sie benutzen dabei nicht nur Nomen, sondern auch Adjektive, Adverbien, Artikel und erste Personalpronomen und Präpositionen.
Mit diesen bambinoLÜK-Übungen wird die Sprachentwicklung der Zwei- und Dreijährigen nachhaltig trainiert und gestärkt. Die Kinder werden dort abgeholt, wo sie sich in dieser Entwicklungsphase sprachlich befinden: bei der Zuordnung von gesprochenem Wort und dem zugehörigen Bild aus der unmittelbaren Lebensumgebung des Kindes. Alle hier verwendeten Wort-Bild-Themen sind den Kindern in der Regel geläufig, wenngleich natürlich Kindergartenkinder in diesem Alter erhebliche sprachliche Vorteile durch die anregungsreiche Kindergartenumgebung genießen.
In gleicher Ausstattung ist das bambinoLÜK-Wortschatzheft ‘Meine kleine Welt’ erschienen.
Die Themenpalette wird erweitert und dient so der nachhaltigen Wortschatzerweiterung.

Viel Freude mit diesem Heft wünschen Ihnen
der Westermann Lernspielverlag
und der Autor Michael Junga

bambinoLÜK ab 2:

bambinoLÜK Das kann ich mit 2
ISBN 978-3-89414-**604**-7
Einfachste Übungen für unsere jüngsten bambinoLÜK-Spieler.
bambinoLÜK Das kann ich mit 2 1/2
ISBN 978-3-89414-**643**-6
Weiterführung einfachster Übungen für unsere jüngsten bambinoLÜK-Spieler.

bambinoLÜK Elefant u. Hase – allerbeste Freunde
ISBN 978-3-8377-**0664**-2
Tagesgeschichten, Freunde helfen sich, gemeinsame Unternehm-ungen ... und viele weitere Themen mit den beliebten Figuren.
bambinoLÜK Formen / Zeichen mit Elefant u. Hase
ISBN 978-3-8377-**0665**-
Basales Training zu Formen, Farben und einfachen Zeichen. Einfache Formen, Farben, Ausschnitte und Bestandteile erkennen, suchen und gedanklich zusammensetzen.

bambinoLÜK Meine kleine Welt
ISBN 978-3-8377-**7988**-2
Wörter und Bilder aus der unmittelbaren Umgebung zweijähriger Kinder: Kinderzimmer, Spielzeuge, einfache Tätigkeiten und Eigenschaften.

bambinoLÜK Das Gleiche wiederfinden
ISBN 978-3-8377-**7995**-0
Zuordnen gleicher Objekte und Bilder.
bambinoLÜK Die Veränderung zuordnen
ISBN 978-3-8377-**7996**-7
Zuordnen ähnlicher Bilder und Objekte.

bambinoLÜK ab 3:

bambinoLÜK Das kann ich mit 3
ISBN 978-3-89414-**644**-3
Weiterführung einfachster Übungen für unsere jüngsten bambinoLÜK-Spieler.

bambinoLÜK Ein Tag mit Elefant und Hase
ISBN 978-3-8377-**7666**-9
Der Tageslauf vom Aufstehen bis zum Schlafengehen mit kurzen Vorlesetexten.
bambinoLÜK Erlebnisse m. Elefant u. Hase
ISBN 978-3-8377-**7667**-6
Kleine Ausflüge und Entdeckungsreisen aus der Sicht der Kinder mit kurzen Vorlesetexten.

bambinoLÜK Endlich Sommer mit Tina und Tim
ISBN 978-3-8377-**7992**-9
Sommerspaß in bunten Übungen: Strand- u. Gartenspiele, Eisessen, Sommerfest ... alles, was für Kinder und Eltern zum Sommer dazugehört.

bambinoLÜK Herbstspiele mit Tina und Tim
ISBN 978-3-8377-**7993**-6
Herbstspiele für aktive Kinder: Früchte sammeln, Kastanientiere basteln, Schlechtwetteraktivitäten.

bambinoLÜK Das Fehlende ergänzen
ISBN 978-3-8377-**7997**-4
Vervollständigen halbfertiger Objekte und Bilder.

bambinoLÜK Das Gesuchte entdecken
ISBN 978-3-8377-**7998**-1
Figur-Grundwahrnehmung.

Die Fortsetzung

basales Training

bambinoLÜK®

Mein Zuhause – Erste Bildwörter 2

ISBN 978-3-8377-7987-5

Das fröhliche bambinoLÜK-Übungsheft zur Sprachentwicklung für alle Kinder ab 2 Jahren.

So einfach wird mit bambinoLÜK gespielt:

- Einfache Übungen, von Kindern selbst zu lösen: Förderung des genauen Beobachtens, Vergleichens und Zuordnens.
- Erkennen von Gegenständen aus der alltäglichen Umgebung und in unveränderter Darstellung wiederfinden und entscheiden.
- Durch aufmerksame Mitarbeit werden der Wortschatz erweitert und die allgemeine Konzentrationsfähigkeit nachhaltig gestärkt und weiterentwickelt.

westermann lernspiel

www.luek.de

9 783837 779875